CALLEJEANDO POR ARGANDA DEL REY
AVENTURAS, SECRETOS Y PERSONAJES

Verbum Infantil-Juvenil

Dirigida por: LUIS RAFAEL

Colección creada especialmente para la formación y el disfrute de los primeros lectores. Libros atractivos, con temas, lenguaje y enfoques contemporáneos, que permitirán a niños y jóvenes deleitarse con la lectura al tiempo que acceden a universos donde la palabra es vehículo idóneo para explicar, desde el arte, las disímiles aristas de la realidad. Presenta álbumes para niños de diferentes edades y las series especiales Clásicos en Cómic y Famosos en cómic, donde aparecen versionadas las obras fundamentales de la literatura universal y las biografías de personajes como Albert Einstein, César Vallejo, Miguel de Cervantes, Charles Chaplin, William Shakespeare, etc.

Atesora, además, obras clásicas de la literatura infantil-juvenil y contemporáneas de importantes autores como Jordi Sierra-i-Fabra, Luis Cabrera Delgado, José Martí, Hans Christian Andersen, Fernán Caballero, Alejandro Dumas, Julio Verne, Emilio Salgari, Enrique Pérez Díaz, Nicolás Guillén, Miguel Hernández, Antonio Machado, Federico García Lorca, Juan Ramón Jiménez, Carlo Frabetti, entre otros.

ISMAEL MARTÍ

CALLEJEANDO POR ARGANDA DEL REY
Aventuras, secretos y personajes

EDITORIAL
VERBUM

© Autor: Ismael Martí, 2026
© Diseño de cubierta: Irene Ferrer Beired, 2026
© de las ilustraciónes: Editorial Verbum, 2026
© de esta edición: Editorial Verbum, 2026

Tr.ª Sierra de Gata, 5
La Poveda (Arganda del Rey)
28500 - Madrid
Teléf.: (+34) 910 46 54 33
e-mail: info@editorialverbum.es
https://editorialverbum.es

I.S.B.N.: 978-84-7962-665-5
Depósito legal: M-6567-2026

Diseño de colección: Origen Gráfico, S. L.
Preimpresión: Adrians Esquivel Romero
Corrección y maquetación: Irene Ferrer Beired
Printed in Spain / Impreso en España

Este libro ha sido
impreso con papel
ecológico procedente
de bosques sostenibles.

ÍNDICE

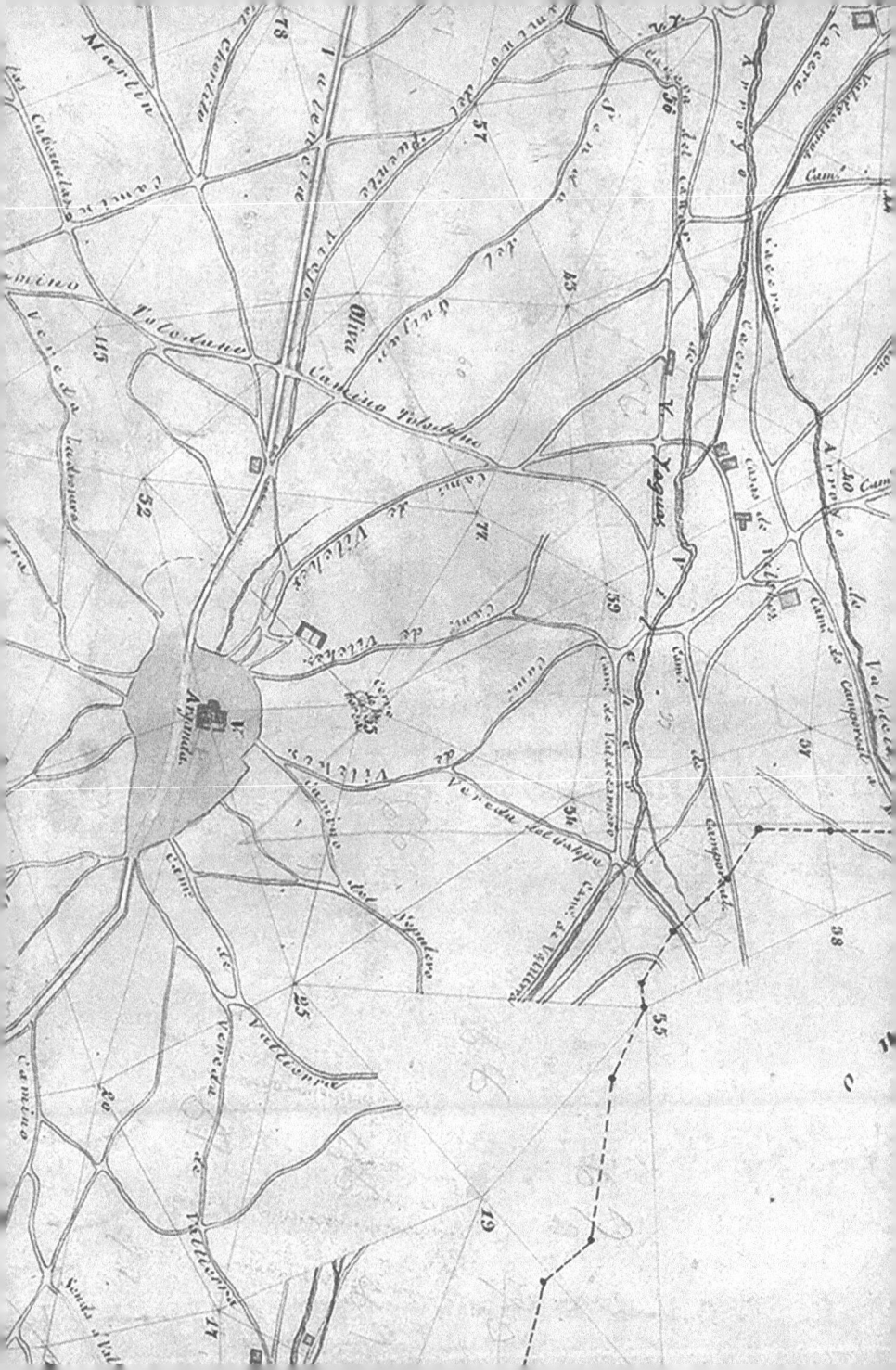

PRÓLOGO:
QUERIDOS EXPLORADORES...

¿Sabías que hay un tren que «pita más que anda»? ¿Y que hay una casa llamada «del Rey», aunque no viviera ningún rey dentro?

¿Y que hay calles que cuentan historias, fuentes que escondieron secretos, y fiestas que nacieron hace siglos y aún hoy se celebran?

Todo esto —y mucho más— ocurre en Arganda del Rey, un municipio muy especial de la Comunidad de Madrid.

Este libro no es un libro cualquiera. Es un mapa, una lupa, una brújula. Un cuaderno de viaje para que los niños y niñas como tú se conviertan en exploradores de su pueblo. Calle a calle, historia a historia, vamos a descubrir cómo Arganda ha cambiado a lo largo del tiempo, qué personas importantes vivieron aquí, qué misterios esconde su plaza, qué historias guardan sus casas, y cómo un pequeño lugar se convirtió en una ciudad viva, llena de memoria y de futuro.

Aquí no encontrarás cuentos inventados, sino historias reales y leyendas populares, contadas de forma sencilla, divertida y con actividades para que puedas investigar, dibujar, preguntar o visitar cada rincón con otros ojos.

Arganda es solo el principio. Después vendrán otros pueblos y ciudades de Madrid. Pero hoy, te invitamos a empezar por aquí.

Porque la historia no solo se encuentra en los libros: está en tu calle, en tu plaza, en tu colegio, en tu abuela, en tu panadero, en tu biblioteca.

Y empieza ahora.

¡Vamos a callejear por Arganda!

CAPÍTULO 1:
UN PUEBLO CON MUCHA HISTORIA

Desde los primeros caminos hasta nuestros días

Muy, muy atrás en el tiempo —cuando todavía no existían los coches, ni los trenes, ni siquiera las ciudades— ya había personas que caminaban por las tierras donde hoy se encuentra Arganda del Rey. Los arqueólogos han descubierto que hace más de 3 000 años, en la Edad del Bronce, pequeños grupos humanos vivían cerca del río Jarama, en cuevas, chozas o campamentos. Cazaban, pescaban, recogían frutos y más adelante empezaron a cultivar la tierra. De esa vida sencilla no quedaron fotos, pero sí restos de cerámica, herramientas y huesos, que hoy se pueden ver en museos de Madrid.

Más adelante llegaron los romanos. No se sabe con certeza si fundaron un asentamiento aquí, pero sí que construyeron caminos cerca y dejaron restos en la zona. Muchos siglos después, durante la Edad Media, Arganda aparece por primera vez en los documentos oficiales: ¡eso fue en el año 1124! En aquella época, el lugar se llamaba solo Arganda, sin «del Rey», y era un pequeño pueblo de agricultores, pastores y artesanos.

Con el paso del tiempo, Arganda fue creciendo poco a poco. En el siglo XVI ya había hornos, molinos, olivares, viñas y mercados. La gente producía pan, vino y aceite, que vendían a pueblos vecinos. También tenían una iglesia, que se convirtió en el centro de la vida del pueblo: la Iglesia de San Juan Bautista, que aún hoy se alza en la plaza como testigo silencioso del pasado.

Durante los siglos siguientes, Arganda formó parte del Señorío de Arganda, perteneciente a nobles castellanos. En 1581, el rey Felipe II compró el señorío y lo incorporó a la Corona, y desde entonces, el pueblo pasó a llamarse oficialmente Arganda del Rey. El «del Rey» no significa que aquí viviera un rey, sino que las tierras dejaron de pertenecer a señores feudales y pasaron a manos del monarca.

Cervantes, autor de *Don Quijote de la Mancha*, menciona Arganda en una de sus comedias teatrales. Esto no prueba que visitara el pueblo, pero sí que era un lugar conocido en su época. ¿Quién sabe si alguna vez pisó sus calles?

En los siglos XVIII y XIX, Arganda creció en población y actividad. Llegaron nuevas construcciones, se modernizó la agricultura y comenzaron a organizarse las primeras ferias y fiestas. Pero también hubo momentos duros: la Guerra de la Independencia contra los franceses (1808–1814) dejó huella en la zona, y más tarde, durante la Guerra Civil (1936–1939), se construyó un puente de hierro sobre el Jarama que fue clave en las batallas.

En el siglo xx llegó uno de los inventos más importantes para la vida del pueblo: el tren de Arganda, que unía el municipio con Madrid y otros pueblos de la comarca. Gracias a él, el comercio, las visitas y la vida cultural crecieron muchísimo. Y aunque el tren original ya no circula como antes, aún se conserva un tramo para visitas turísticas, con su locomotora antigua que *pita más que anda*, como decía la canción.

Hoy, Arganda del Rey es una ciudad moderna, con más de 50 000 habitantes, colegios, bibliotecas, centros culturales, parques y muchos recuerdos del pasado. Pero a pesar de todo lo que ha cambiado, sigue siendo un lugar con raíces profundas, con memoria y con alma de pueblo.

Cada calle, cada plaza, cada nombre tiene algo que contar. Y tú, que estás leyendo este libro, formas parte de esta historia también.

ACTIVIDAD FINAL:
LÍNEA DEL TIEMPO DE ARGANDA

Crea una línea del tiempo en una cartulina o una hoja larga. Marca estos momentos clave y dibuja un pequeño símbolo para cada uno:

- Edad del Bronce: Primeros pobladores junto al Jarama.

- 1124: Primer documento que menciona Arganda.

- Siglo XVI: Época de hornos, viñas y molinos.

- 1581: Felipe II compra el señorío; «Arganda del Rey».

- Siglo xix: Ferias, guerras y trenes.
- Hoy: Ciudad moderna con historia.

Puedes decorarla con dibujos de casas antiguas, un tren, un río o una iglesia. ¿Te animas a colgarla en tu clase o en casa?

Fuentes consultadas

Archivo Histórico Nacional & Documentación Municipal de Arganda del Rey. (s. f.). *Fondos documentales históricos de Arganda del Rey.*

Cordero del Campillo, J. (1997). *Historia de Arganda del Rey.* Ayuntamiento de Arganda del Rey.

García Morales, J. A. (2001). *El tren de Arganda: historia de un ferrocarril madrileño.* Editorial Aldaba.

Instituto de Estudios Madrileños. (2004). *Toponimia e historia de los pueblos de Madrid.* Comunidad de Madrid.

CAPÍTULO 2:
LA CASA DEL REY

De palacio de embajador a emblema de Arganda

Si hay un edificio que guarda siglos de historia en Arganda del Rey, ese es la Casa del Rey. Aunque hoy se utiliza para actividades culturales y escolares, su historia está llena de jardines secretos, embajadores imperiales, monjes, bodegas inmensas... ¡y hasta un conde con un patio de la tranquilidad!

Un palacio para descansar... y recibir reyes

Todo comenzó en 1591, cuando Hans Khevenhüller, embajador del Imperio en la corte del rey Felipe II, decidió construir una casa de recreo en Arganda, un lugar tranquilo cerca de Madrid. Para ello, encargó la obra al arquitecto italiano Patricio Cajés.

En 1594 la casa ya estaba lista, aunque su inauguración oficial no llegó hasta 1597. El edificio era tan bonito que fue conocido como la Quinta del Embajador. Tenía grandes jardines, fuentes, una huerta con viñas y un palomar, y hasta su propia bodega donde el embajador fabricaba vino. ¡Como un pequeño palacio en el campo!

En esa casa, Hans Khevenhüller recibía a personajes importantes, como el propio Felipe II, su hija la infanta Isabel Clara Eugenia, Felipe III y la reina Margarita de Austria, entre otros nobles y diplomáticos europeos.

¿Cómo era la casa?

La construcción original tenía una sola planta y tres torres. Su fachada principal se adornaba con piedra labrada y mostraba el escudo del embajador. Dentro, había cuadros famosos, como las *Nueve Musas* o *El rapto de Helena*, del pintor Tintoretto. También había mapas y grabados de otros países. ¡Parecía un museo secreto!

Había dos grandes puertas: una llevaba al jardín y otra a los patios de servicio, donde estaban las cuadras, el horno, la quesería y hasta un molino de aceite.

De embajador... a monjes trabajadores

Tras la muerte del embajador en 1606, la casa pasó a manos del Duque de Lerma, y más tarde a su nieto. En 1650, la propiedad fue comprada por la Compañía de Jesús, una orden religiosa que la convirtió en una gran hacienda agrícola. Tenía:

- Una bodega enorme con capacidad para 95 tinajas,

- Cocederos para vino blanco y tinto,

- Cuadras, horno de pan, molino de aceite, palomar para 400 parejas de palomas,

- ¡y hasta una quesería y un oratorio decorado!

Durante esta época, la casa fue ampliada, se construyó una segunda planta y se añadieron nuevas habitaciones con ventanas de barniz verde, camas, cortinas blancas y muebles elegantes.

El rey se queda con la casa

En 1764, el rey Carlos III expulsó a los jesuitas de Arganda. Había un conflicto con los vecinos y el Ayuntamiento por el poder que tenía la orden. Entonces, la hacienda pasó a manos del Rey, y desde entonces se la conoce como Casa del Rey.

Más tarde, en 1785, fue comprada por el Conde de la Cimera, quien la mantuvo como finca agrícola hasta 1945. Su parte favorita era un rincón tranquilo con una fuente, al que llamaba el patio de la tranquilidad.

Durante todos esos años, la casa siguió funcionando como una granja con bodega. El vino se elaboraba allí mismo y se vendía por toda la región.

Reformas, cambios y... ¡Renacimiento!

En 1950, el edificio fue dividido entre tres familias de Arganda, que hicieron reformas importantes. Se abrieron puertas y ventanas nuevas, se desmontó la antigua escalera central y desaparecieron pinturas al fresco que decoraban las torres. El aspecto original del edificio cambió bastante.

Ya en la década de 1980, el Ayuntamiento de Arganda del Rey recuperó el edificio y restauró las cubiertas y torres. También desaparecieron las dependencias agrícolas y se creó una plaza abierta con gradas: la Plaza de la Amistad, donde hoy se celebran actividades culturales.

Actualmente, la Casa del Rey es uno de los edificios más emblemáticos del municipio. Allí se celebran exposiciones, encuentros escolares y actos culturales. Aunque el palacio original ya no existe tal como fue, todavía se respira el pasado entre sus muros.

ACTIVIDAD FINAL:
INVESTIGADORES DEL PASADO

- Dibuja cómo te imaginas la Casa del Rey cuando era la Quinta del Embajador. ¿Qué había en los jardines? ¿Y en la bodega? ¿Te atreves a dibujar a Felipe II visitándola?

- Pregunta en casa o en clase: ¿alguien recuerda una visita a la Casa del Rey? ¿Qué había entonces?

- Imagina que eres un personaje de 1700: un cocinero, un jardinero, un monje... Escribe o cuenta qué hacías en un día normal en la casa.

Fuentes consultadas

ARCHIVO HISTÓRICO MUNICIPAL DE ARGANDA DEL REY. (s. f.). *Fondos documentales municipales de Arganda del Rey.*

CORDERO DEL CAMPILLO, J. (1997). *Historia de Arganda del Rey.* Ayuntamiento de Arganda del Rey.

COMUNIDAD DE MADRID. (s. f.). *Bienes de Interés Patrimonial de la Comunidad de Madrid: ficha técnica.* Comunidad de Madrid.

RUBIO, Ó. (2021, 8 de noviembre). «La Casa del Rey, el emblema de Arganda». *Diario de Arganda.*

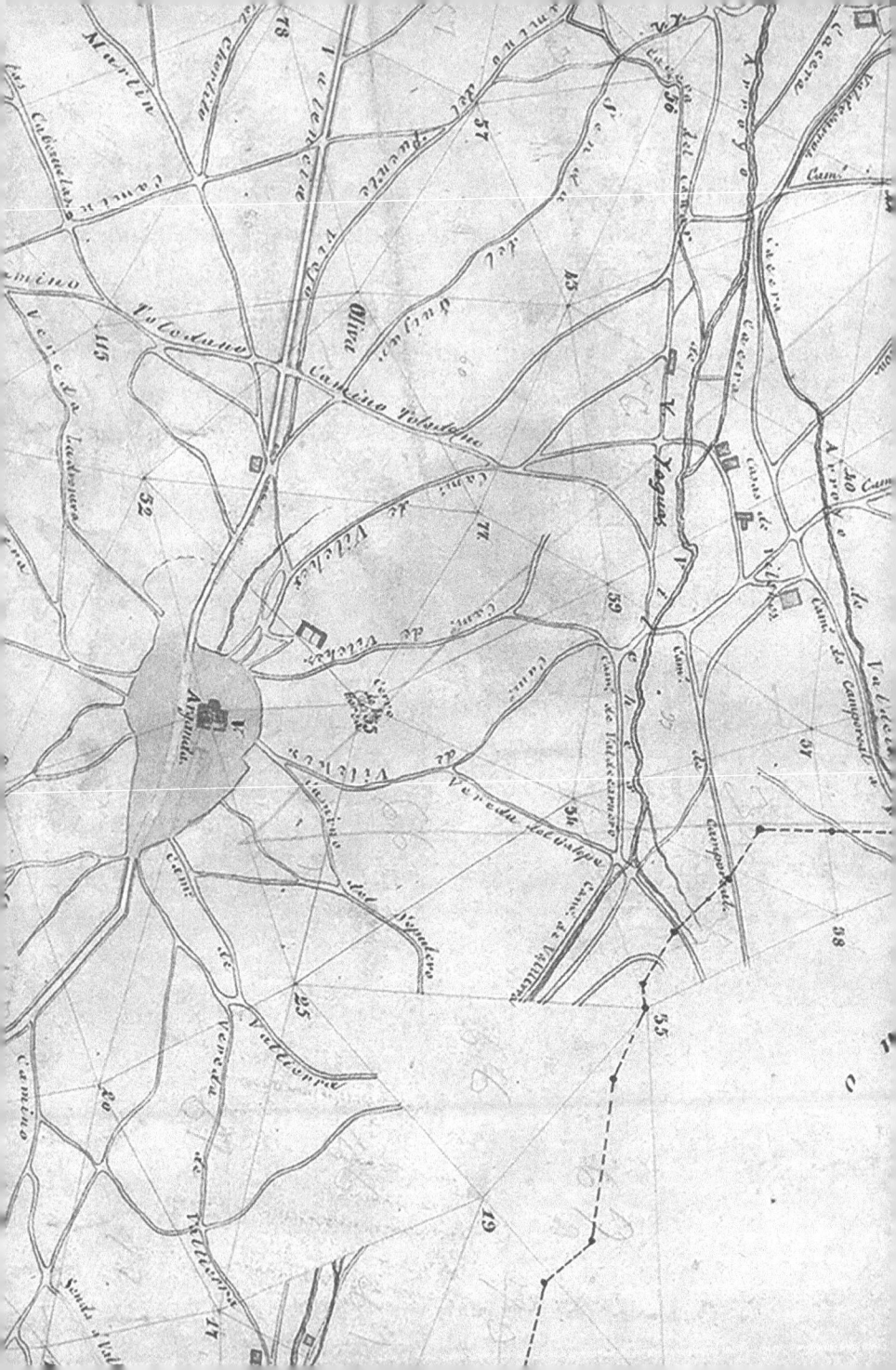

CAPÍTULO 3:
EL TREN DE ARGANDA

El que pita más que anda

Hace muchos, muchos años, las personas que vivían en Arganda iban a Madrid en carros tirados por mulas. El viaje era largo, lleno de baches, y podía tardar casi todo un día. Pero todo cambió cuando llegó un invento que lo revolucionó todo: el tren.

> En su mejor época, el Ferrocarril del Tajuña tenía más de 130 km de vía.

Sí, el famoso «Tren de Arganda, que pita más que anda», como dice la copla popular. Y aunque hoy ya no lo usamos para ir a Madrid, todavía podemos montarnos en él... para viajar en el tiempo.

Un tren para unir pueblos

Este tren nació en el siglo xix. En 1886 se inauguró la línea ferroviaria Madrid-Arganda, que formaba parte del Ferrocarril del Tajuña. Su objetivo era conectar

Madrid con los pueblos del sureste, incluyendo Morata, Perales, Chinchón y Arganda.

> Se usó incluso durante la Guerra Civil Española, para mover tropas y suministros.

El tren no era como los modernos de hoy. Era más lento, más pequeño y más ruidoso. Pero para los habitantes de Arganda, era una maravilla. Llevaba viajeros, pero también vino, aceite, animales, harina, remolacha, yeso y muchos productos del campo.

En aquellos tiempos, los niños miraban con asombro cómo pasaba la locomotora humeante por los campos, lanzando pitidos tan fuertes que se escuchaban en todo el valle.

> El puente metálico sobre el Jarama, por donde pasa el tren turístico, fue clave en la Batalla del Jarama.

¿Por qué «pita más que anda»?

El apodo divertido viene de su velocidad lentísima. Como había muchas curvas, subidas, pasos a nivel y paradas, el tren avanzaba muy despacio. Pero el maquinista no dejaba de tocar el silbato, para avisar su paso.

Por eso nació la copla:

El tren de Arganda,
que pita más que anda,
va por Vallecas
y por la Poveda,
y no se para
ni en la Alameda...

Una canción popular que todos los mayores de Arganda conocen.

La estación y los vagones

La antigua estación de Arganda era un lugar lleno de vida. La gente iba a esperar a sus familiares, cargaba mercancías, saludaba al jefe de estación, y hasta había

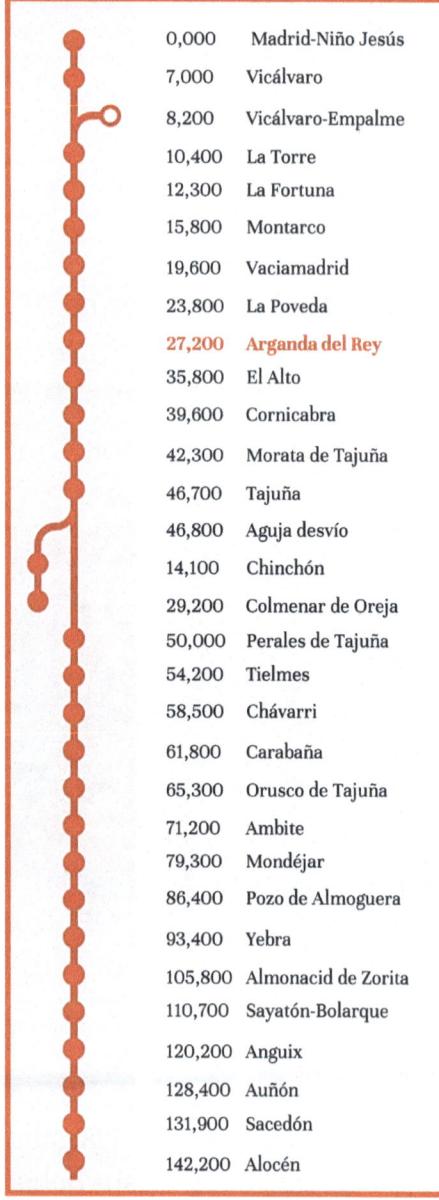

0,000	Madrid-Niño Jesús
7,000	Vicálvaro
8,200	Vicálvaro-Empalme
10,400	La Torre
12,300	La Fortuna
15,800	Montarco
19,600	Vaciamadrid
23,800	La Poveda
27,200	Arganda del Rey
35,800	El Alto
39,600	Cornicabra
42,300	Morata de Tajuña
46,700	Tajuña
46,800	Aguja desvío
14,100	Chinchón
29,200	Colmenar de Oreja
50,000	Perales de Tajuña
54,200	Tielmes
58,500	Chávarri
61,800	Carabaña
65,300	Orusco de Tajuña
71,200	Ambite
79,300	Mondéjar
86,400	Pozo de Almoguera
93,400	Yebra
105,800	Almonacid de Zorita
110,700	Sayatón-Bolarque
120,200	Anguix
128,400	Auñón
131,900	Sacedón
142,200	Alocén

un pequeño kiosco de dulces.

Los trenes funcionaron durante muchos años, hasta que en 1999 se cerró la línea regular. Pero la historia no terminó ahí...

¡El tren sigue vivo!

Gracias a la Asociación del Ferrocarril del Tajuña, se conservó una parte de la línea entre La Poveda (Arganda del Rey) y el puente metálico sobre el río Jarama.

Hoy en día, niños y mayores pueden montar en un tren turístico con locomotoras antiguas de vapor y vagones históricos. Durante los fines de semana, el tren vuelve a pitar por los campos, llevando la historia en cada silbido.

Montarte en este tren es viajar en el tiempo: sentir el traqueteo, oler el carbón, ver cómo se forma el vapor y saludar a los ferroviarios vestidos como en 1920.

Hoy en día, muchas de sus vías se han convertido en vías verdes para ciclistas y senderistas.

ACTIVIDAD FINAL:
¡DISEÑA TU TREN!

- Dibuja tu propio tren de Arganda: puedes inventar el color, los vagones y hasta ponerle un nombre.

- Escribe una mini historia: «Un día a bordo del tren que pita más que anda». ¿A quién conoces? ¿Qué ves por la ventana?

- Si puedes, visita el tren real con tu familia o clase. Está en La Poveda y funciona algunos domingos. ¡No olvides tu cámara!

Fuentes consultadas

ARCHIVO HISTÓRICO DEL FERROCARRIL ESPAÑOL. (s. f.). *Fondos documentales sobre el ferrocarril español.*

ASOCIACIÓN VAPOR MADRID. (s. f.). *Ferrocarril Turístico del Tajuña: documentación digital y visitas guiadas.* Asociación Vapor Madrid.

AYUNTAMIENTO DE ARGANDA DEL REY. (s. f.). *Departamento de Patrimonio Histórico.* Ayuntamiento de Arganda del Rey.

GARCÍA MORALES, J. A. (2001). *El tren de Arganda: historia de un ferrocarril madrileño.* Editorial Aldaba.

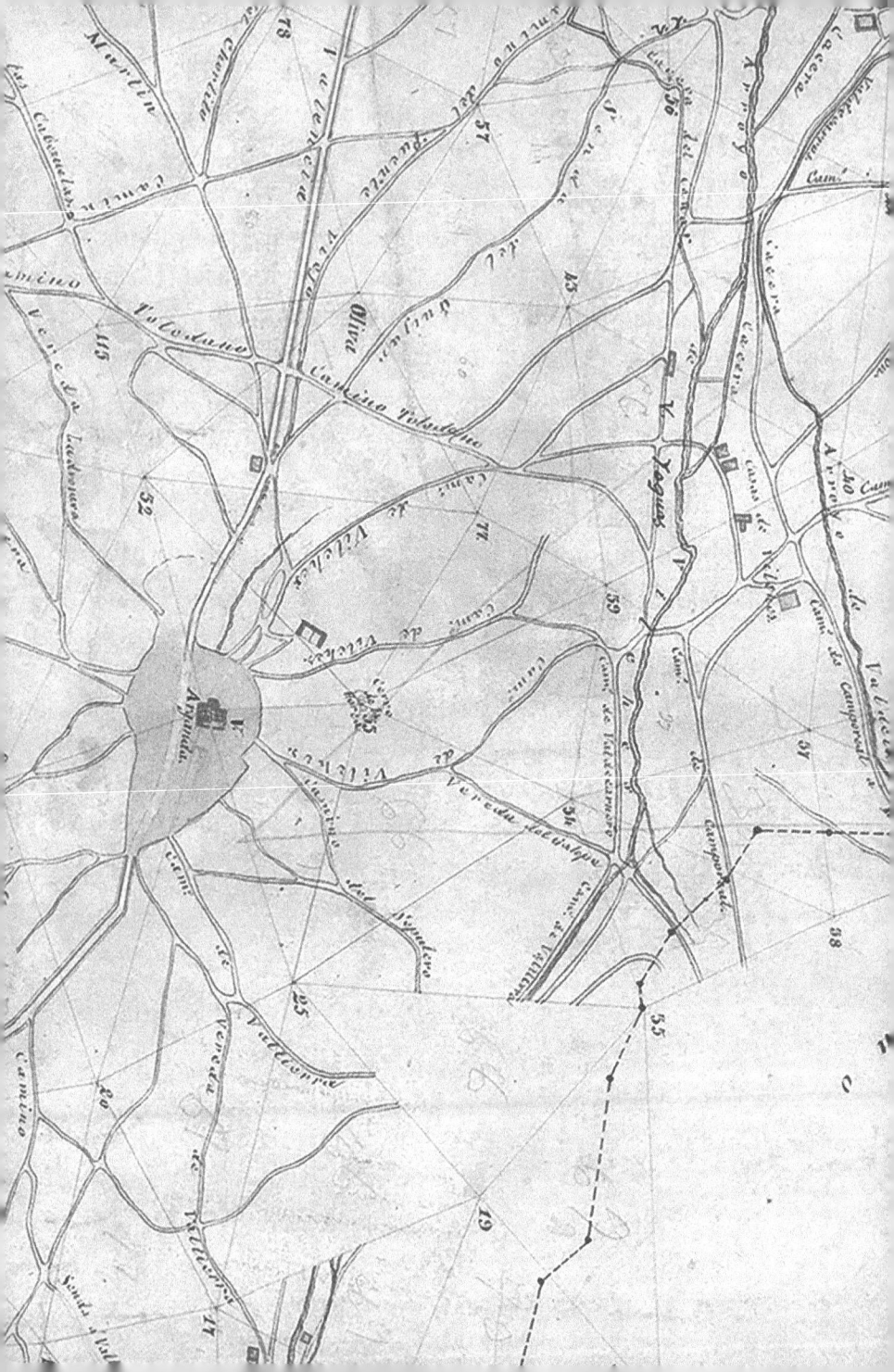

CAPÍTULO 4:
CALLES CON HISTORIA

Nombres que cuentan secretos

¿Alguna vez te has preguntado por qué una calle se llama como se llama? Detrás de muchos nombres de Arganda hay historias escondidas, personajes famosos y recuerdos del pasado. Caminar por sus calles es como leer un libro de historia... ¡con los pies!

> En el callejero de Arganda hay calles dedicadas a oficios antiguos, como la calle del Tinte, donde se teñían telas.

La calle de Cervantes

En Arganda del Rey hay una calle con un nombre muy especial: Calle de Cervantes. Y no está allí por casualidad. Miguel de Cervantes, el autor de *Don Quijote de la Mancha*, tenía vínculos familiares con Arganda.

Su hermana Luisa vivió aquí durante un tiempo, y su sobrina Constanza de Ovando y Cervantes se casó en esta villa en el siglo XVII. Además, hay indicios de que Cervantes pudo haber visitado Arganda, ya que lo menciona en su obra teatral *El rufián dichoso*, una comedia que escribió hacia 1615. En ella, un personaje dice:

«Yo soy de Arganda, donde hay vino y buena crianza».

Aunque no hay pruebas firmes de que viviera aquí, sí sabemos que conocía el lugar y lo apreciaba. ¡Imagínate a Cervantes paseando por las calles empedradas, saludando a los vecinos y probando el vino de Arganda!

Otras calles con historia

En el barrio de La Perlita, las calles tienen nombres de flores y piedras preciosas: Rosa, Clavel, Ámbar, Esmeralda...

Muchas otras calles de Arganda cuentan historias interesantes:

- Calle Real: era la antigua vía principal que cruzaba el pueblo. Por aquí pasaban carros, viajeros, comerciantes... ¡y hasta reyes en sus viajes por Castilla!

- Calle San Juan: debe su nombre a la Iglesia de San Juan Bautista, que está justo al lado. Esta iglesia es uno de los edificios más antiguos y bonitos de la ciudad.

- Calle del Hospital: aquí hubo un hospital de caridad, donde los religiosos y vecinos ayudaban a los enfermos sin recursos. No era como los hospitales de hoy, pero cumplía una función muy importante.

- Calle del Mediodía: antiguamente, esta calle recibía el sol directo a la hora del almuerzo. Por eso los vecinos le pusieron ese nombre tan curioso.

- Calle del Renegado: una de las más antiguas y misteriosas. Algunos dicen que allí vivió un hombre que abandonó su religión y luego volvió arrepentido. Otros creen que solo es una leyenda. ¿Tú qué opinas?

Algunas calles cambian de nombre con el tiempo. Por ejemplo, lo que hoy es la Avenida del Ejército se llamó antes Avenida de la Libertad.

Las placas también hablan

En muchas esquinas de Arganda hay placas azules o de cerámica que indican el nombre de la calle. Algunas tienen escudos o fechas, y otras han sido colocadas por el Ayuntamiento en homenaje a personas importantes, como poetas, maestros, pintores o alcaldes del pasado.

Caminar por Arganda es como abrir un álbum de recuerdos. Cada calle tiene algo que contar.

ACTIVIDAD FINAL:
MI CALLE TAMBIÉN TIENE HISTORIA

- ¿Cómo se llama la calle donde vives? Pregunta a tu familia o vecinos si saben por qué se llama así.

- Busca una calle de Arganda con un nombre curioso (como «del Mediodía» o «del Renegado») y escribe una historia inventada sobre su origen.

- Diseña una placa de calle nueva con el nombre de alguien importante de tu cole, barrio o familia. ¿A quién le pondrías una calle y por qué?

Fuentes consultadas

Archivo Histórico Municipal de Arganda del Rey. (s. f.). *Planos de calles y toponimia histórica de Arganda del Rey.*

Cervantes Saavedra, M. de. (2004). *El rufián dichoso.* Biblioteca Castro.

Cordero del Campillo, J. (1997). *Historia de Arganda del Rey.* Ayuntamiento de Arganda del Rey.

Ruiz Martínez, A. (2015). *La huella de Cervantes en la Comunidad de Madrid.* Editorial Regional.

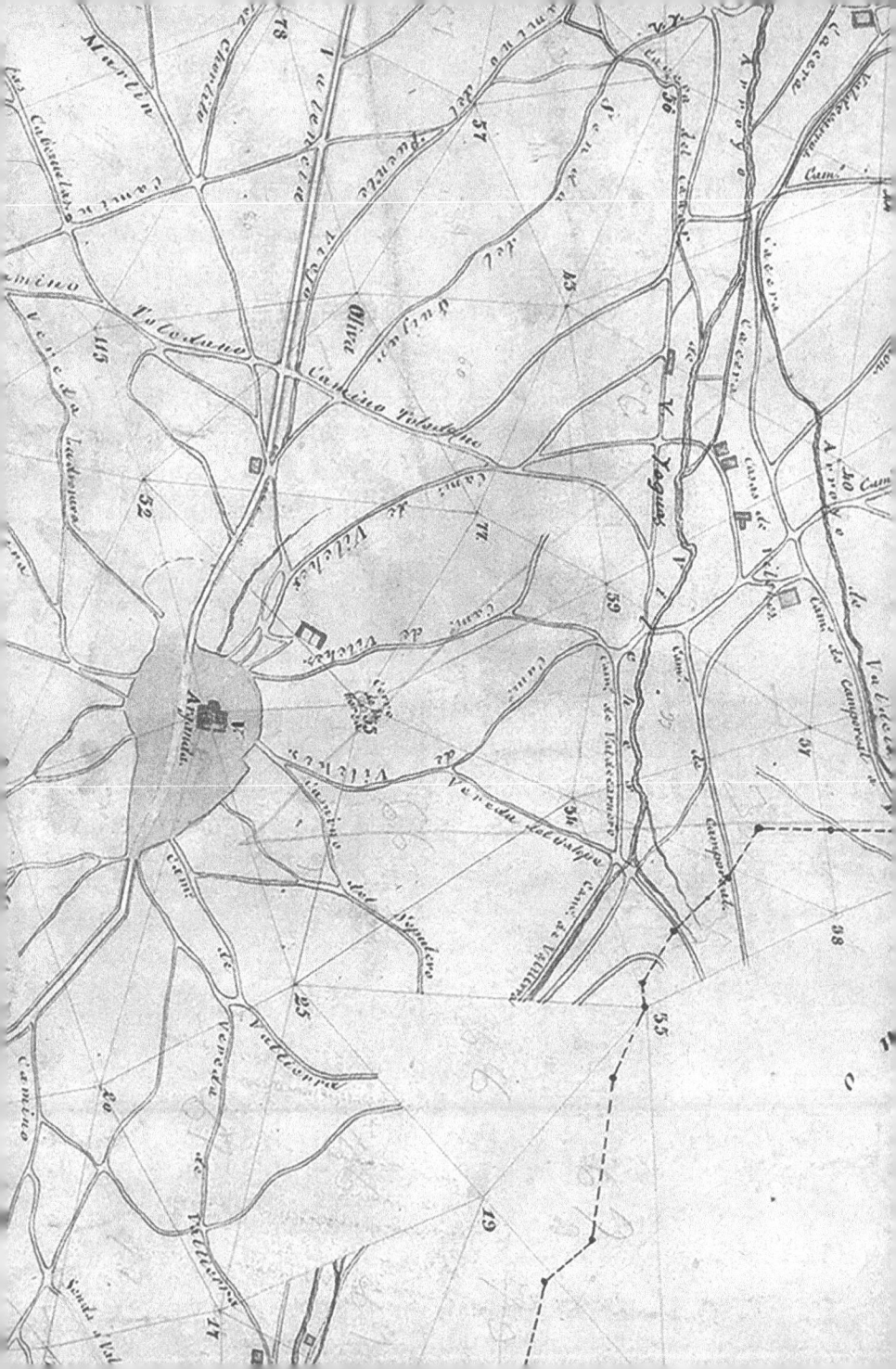

CAPÍTULO 5:
VIÑAS, ACEITE Y TRABAJO

De campos de labor al motor industrial de Arganda

Arganda del Rey fue durante siglos un pueblo de campo, de vino, de aceite y de trabajo duro. Sus tierras rojizas, su clima seco y sus suaves colinas eran el escenario perfecto para cultivar la vid y el olivo. Los vecinos sabían cuándo podar, cuándo vendimiar y cuándo moler. Pero con el paso del tiempo, algo cambió: las viñas dieron paso a fábricas, los lagares a almacenes, y los caminos polvorientos a avenidas industriales.

Así creció lo que hoy conocemos como el Polígono Industrial de Arganda, uno de los más grandes de la Comunidad de Madrid. Pero vayamos por partes...

Cuando el campo era la vida

Durante siglos, la economía de Arganda se basó en la agricultura. Las viñas cubrían las laderas, los olivos salpicaban el paisaje y en casi cada casa había tinajas para guardar aceite o cubas para fermentar el vino.

Los agricultores y jornaleros trabajaban de sol a sol. Los niños ayudaban a sus familias en la recogida de la uva, en la pisa del vino o en el cuidado del rebaño. En septiembre se celebraba la vendimia, y el olor a mosto llenaba el aire.

El logotipo del escudo de Arganda incluye una viña y un olivo, símbolo de su pasado agrícola.

Los molinos, los lagares y las bodegas eran parte de la vida diaria. El vino de Arganda era tan famoso que llegaba hasta Madrid y otras ciudades. ¡Incluso se dice que en la corte de Felipe II se bebía vino argandeño!

Pero el campo no era solo trabajo. También era paisaje, tradición y comunidad. Las fiestas, las canciones y los refranes nacían de esa vida sencilla.

El gran cambio: llega la industria

A partir del siglo xx, con la llegada del tren, la mejora de las carreteras y la cercanía con Madrid, Arganda empezó a transformarse.

En los años 60 y 70, muchas familias dejaron de trabajar el campo y comenzaron a trabajar en talleres, fábricas o empresas de logística. Poco a poco, se fue construyendo lo que hoy conocemos como el Polígono Industrial de Arganda del Rey.

Hoy en día, este polígono:

- Alberga más de 600 empresas.
- Ocupa una superficie de más de 5 millones de metros cuadrados.
- Aporta una gran parte del empleo local.
- Incluye sectores como alimentación, construcción, carpintería, informática, transporte o imprentas.

Gracias a esta evolución, Arganda es uno de los motores económicos del sureste madrileño. Y aunque muchas viñas han desaparecido, aún se conservan bodegas, almazaras y fincas tradicionales como recuerdo vivo de lo que fuimos.

En el polígono hay calles con nombres como «Avenida del Trabajo», «Calle de la Tecnología» o «Camino del Olivar», que recuerdan sus orígenes.

Pasado y presente: ¿incompatibles?

¡Claro que no! Hoy puedes visitar una bodega tradicional por la mañana y conocer una fábrica moderna por la tarde. La historia no se borra: se transforma.

Arganda conserva aún productos de calidad como el vino con Denominación de Origen «Vinos de Madrid» o el aceite virgen extra de la comarca. Y muchos vecinos trabajan en empresas que combinan tecnología con artesanía.

Cada año se celebran ferias y encuentros de empresas en Arganda, donde los niños también pueden participar con talleres y visitas guiadas.

ACTIVIDAD FINAL:
MI PUEBLO, AYER Y HOY

- Dibuja una doble página:

  - A la izquierda, una viña o campo de Arganda en 1900.

  - A la derecha, una calle del polígono industrial en 2026.

- Pregunta en tu familia: ¿alguno de tus abuelos o tíos trabajó en el campo? ¿Y alguien trabaja ahora en una empresa del polígono?

- Escribe una carta imaginaria de un niño de 1900 a uno de hoy. ¿Qué le contaría sobre su vida en el campo?

Fuentes consultadas

ASOCIACIÓN EMPRESARIAL DEL POLÍGONO DE ARGANDA (ASEARCO). (s. f.). *Documentación institucional y empresarial.*

ARCHIVO DEL CONSEJO REGULADOR DE LA DENOMINACIÓN DE ORIGEN VINOS DE MADRID (SUBZONA ARGANDA). (s. f.). *Fondos documentales vitivinícolas.*

AYUNTAMIENTO DE ARGANDA DEL REY. (s. f.). *Área de Desarrollo Económico y Empleo.* Ayuntamiento de Arganda del Rey.

COMUNIDAD DE MADRID. (2018). *Atlas de la industria madrileña.* Editorial Regional.

CORDERO DEL CAMPILLO, J. (1997). *Historia de Arganda del Rey.* Ayuntamiento de Arganda del Rey.

CAPÍTULO 6:
FIESTAS Y TRADICIONES

Entre gigantes, dulces y tambores

Arganda no solo tiene historia en sus calles o en sus edificios. También la tiene en sus fiestas. Cuando los tambores suenan, los gigantes pasean, huele a rosquillas y los niños corren con pañuelos al cuello... ¡sabemos que estamos en fiesta!

Durante siglos, los argandeños han celebrado tradiciones que mezclan religión, alegría, teatro, historia y mucha música. Y entre todas ellas, una destaca por su originalidad y fuerza: el Motín de Arganda.

Gigantes, cabezudos y pasacalles

Durante las Fiestas Patronales en honor a la Virgen de la Soledad, cada mes de septiembre, el pueblo se llena de color. Por la mañana, gigantes y cabezudos recorren las calles al ritmo de tambores y dulzainas. Los más pequeños corren delante de los cabezudos, que intentan «atraparlos» con sus varitas acolchadas.

Muchos niños participan en las fiestas como tamborileros, danzantes o portadores de farolillos.

Los gigantes representan a personajes históricos de Arganda y de España: reyes, nobles, campesinos... ¡algunos miden más de tres metros de altura!

Dulces, bailes y procesiones

En estas fiestas no faltan los dulces típicos, como las rosquillas de sartén, el chocolate caliente y los churros. Las plazas se llenan de gente, hay conciertos, espectáculos, juegos infantiles y concursos de tortillas y calderetas.

También se celebran actos religiosos, como la procesión de la Virgen de la Soledad, muy querida por los vecinos. Muchas personas se visten con trajes típicos y acompañan la imagen entre flores y cantos.

En las fiestas también hay encierros infantiles, donde los niños corren delante de toros de cartón.

El Motín de Arganda: cuando el pueblo alzó la voz

Uno de los momentos más esperados de las fiestas es la representación del Motín de Arganda. Se celebra desde 1997, pero representa hechos reales que ocurrieron en 1739, hace casi 300 años.

El Motín de Arganda fue un hecho real documentado en archivos históricos.

Ese año, los vecinos de Arganda estaban cansados de los abusos de poder del corregidor, don Antonio de Salcedo. Este hombre cobraba muchos impuestos, castigaba a quien protestaba y se comportaba como un tirano. ¡Incluso multó a los que llevaban sus productos al mercado sin su permiso!

Un día, los vecinos se reunieron en la plaza y organizaron un motín: entraron al ayuntamiento, exigieron justicia y lograron que el corregidor fuera destituido. No fue fácil, pero la unión del pueblo venció al abuso.

Hoy en día, ese episodio se recuerda cada año con un teatro al aire libre, en el centro del pueblo. Actúan vecinos de todas las edades, vestidos con trajes antiguos. La plaza se convierte en escenario, los balcones en palcos, y las calles en caminos de historia viva.

La representación moderna fue impulsada por asociaciones vecinales y teatrales.

El Motín de Arganda no solo entretiene, también enseña que la justicia y la voz del pueblo son muy importantes.

ACTIVIDAD FINAL:
YO TAMBIÉN HAGO HISTORIA

- Inventa un personaje para la fiesta de Arganda: ¿serías un gigante, un pastelero, un tamborilero, un actor del motín? Dibuja su traje y cuéntanos qué hace en la fiesta.

- Haz tu cartel de fiestas: con fecha, colores, dibujos y un lema (por ejemplo: «¡Arganda está de fiesta!»).

- Escribe una miniobra con tu clase: el Motín del Colegio, donde los alumnos piden más recreo o meriendas más dulces. Representadla en grupo.

Fuentes consultadas

ARCHIVO HISTÓRICO MUNICIPAL DE ARGANDA DEL REY. (1739). *Actas del Cabildo de Arganda del Rey. Archivo Histórico Municipal de Arganda del Rey.*

ASOCIACIÓN CULTURAL EL MOTÍN. (1997–2023). *Programa oficial del Motín de Arganda.* Asociación Cultural El Motín.

AYUNTAMIENTO DE ARGANDA DEL REY. (s. f.). *Área de Cultura y Fiestas Patronales.* Ayuntamiento de Arganda del Rey.

CORDERO DEL CAMPILLO, J. (1997). *Historia de Arganda del Rey.* Ayuntamiento de Arganda del Rey.

TESTIMONIOS RECOGIDOS EN TALLERES ESCOLARES Y ENTREVISTAS ORALES CON VECINOS MAYORES. (s. f.). *Material oral no publicado.*

CAPÍTULO 7:
LEYENDAS, MISTERIOS Y LUGARES CON MAGIA

Donde la fantasía y la historia caminan juntas

En Arganda del Rey, el tiempo no pasa igual que en otros sitios. Aquí, al doblar una esquina o pasear por un viejo sendero, uno puede sentir que el pasa-do aún respira, que algo invisible nos observa des-de los tejados antiguos o desde las fuentes silen-ciosas. Y es que Arganda es un lugar donde las le-yendas brotan como agua de manantial, cargadas de magia, miedo, amor y valentía.

En el libro *Leyendas de Arganda del Rey* (Alejandro Alcalá, Editorial Verbum, 2022), se recoge esa parte secreta del pueblo: historias nacidas del susurro de los mayores, de sombras en las esquinas, de luces en la niebla, de voces que se niegan a desaparecer. No se trata solo de cuentos: son ventanas a mundos invisibles, donde lo extraordinario es parte de la vida.

El molino del alma errante

En lo alto de un cerro, cubierto de zarzas y olvidado por los mapas, se alzaba un antiguo molino. Nadie recordaba cuándo dejó de girar su rueda, pero todos conocían la leyenda: el alma de un molinero, traicionado por su hermano, aún vaga por el lugar. Dicen que, en noches sin luna, se oye el crujido del molino y una voz que susurra:

—No lo olvides... aún estoy aquí.

Los pastores no se atreven a pasar por allí al anochecer. Algunos niños valientes subieron una vez. Bajaron pálidos, jurando que vieron una figura junto a la piedra rota del molino. ¿Te atreverías tú?

La doncella del campanario

La torre de la iglesia guarda una historia de amor y tragedia. Una joven prometida fue encerrada allí por su padre, que no aceptaba al pastor del que estaba enamorada. La chica lloró tantas noches que el bronce de la campana se tiñó. Se dice que, cuando alguien sube solo a la torre, puede oír su voz entre los ecos, repitiendo el nombre del muchacho al que nunca volvió a ver.

La mirada de la fuente

En la plaza más antigua del pueblo, junto a una fuente de agua clara, se cuenta que vivía una joven ciega que veía más que nadie. Sus ojos vacíos no seguían la luz, pero su alma captaba el dolor y la alegría de los vecinos. Cuando murió, la fuente dejó de brotar durante siete días. Desde entonces, quien lanza una moneda con el corazón limpio, puede ver reflejada en el agua una respuesta a lo que más necesita.

El lobo de las lomas

En los campos que rodean Arganda, una figura aparece en las noches de niebla: un lobo enorme, de ojos azules, que no ataca ni huye, solo observa. Los ancianos del pueblo dicen que es un antiguo protector, un espíritu que vigila las tierras desde tiempos lejanos. Algunos aseguran haberlo visto guiando a un niño perdido de vuelta a casa. Nadie lo ha atrapado, porque no pertenece a este mundo.

Un pueblo lleno de umbrales

Estas leyendas —y muchas más— no solo están escritas: viven en las piedras, en los parques, en las casas con rejas torcidas y en los caminos al atardecer. Como dice Alejandro Alcalá en su libro:

> Las leyendas no son solo relatos: son reflejos de los miedos, los sueños y las esperanzas de quienes habitaron esta tierra.

Así, Arganda se convierte en un escenario donde lo invisible se esconde tras lo cotidiano, y donde cada niño que escucha una historia se transforma en guardián de un secreto milenario.

ACTIVIDAD FINAL:
CREA TU LEYENDA

- Escoge un lugar real de Arganda (una fuente, una calle, una casa, un árbol).

- Invéntate una leyenda inspirada en las del capítulo. ¿Qué pasó allí? ¿Quién vivía? ¿Qué misterio guarda?

- Escribe la historia como si fueras un abuelo contándola junto al fuego, con detalles, emoción y un final que deje a todos con la boca abierta.

Fuentes consultadas

Alcalá, A. (2024). *Leyendas de Arganda del Rey*. Editorial Verbum.

Archivo del Centro Cultural Casa del Rey. (s. f.). *Fondos documentales del Departamento de Patrimonio y Tradición Oral*. Centro Cultural Casa del Rey.

Cordero del Campillo, J. (1997). *Historia de Arganda del Rey*. Ayuntamiento de Arganda del Rey

Entrevistas orales a vecinos mayores en el marco del proyecto «Memoria Viva de Arganda». (2021–2023). *Material oral no publicado*.

CAPÍTULO 8:
RUTAS PARA PEQUEÑOS EXPLORADORES

Parques, caminos y sorpresas en la naturaleza

¿Sabías que en Arganda puedes cruzar puentes, andar entre árboles centenarios, descubrir ruinas antiguas y seguir los pasos del río Jarama? Este capítulo es una invitación a ponerte las botas, llenar tu mochila de curiosidad y salir a explorar tu propio pueblo como si fueras un aventurero.

Arganda del Rey no solo tiene historia en sus calles. También la tiene en sus campos, caminos y bosques. Aquí te contamos algunos de sus rincones más mágicos y naturales.

El río Jarama: un viajero con memoria

El río Jarama recorre Arganda como si fuera una serpiente plateada. Sus aguas llevan siglos cruzando la historia del pueblo. En sus orillas, se han bañado pastores, han acampado soldados y han jugado muchos niños.

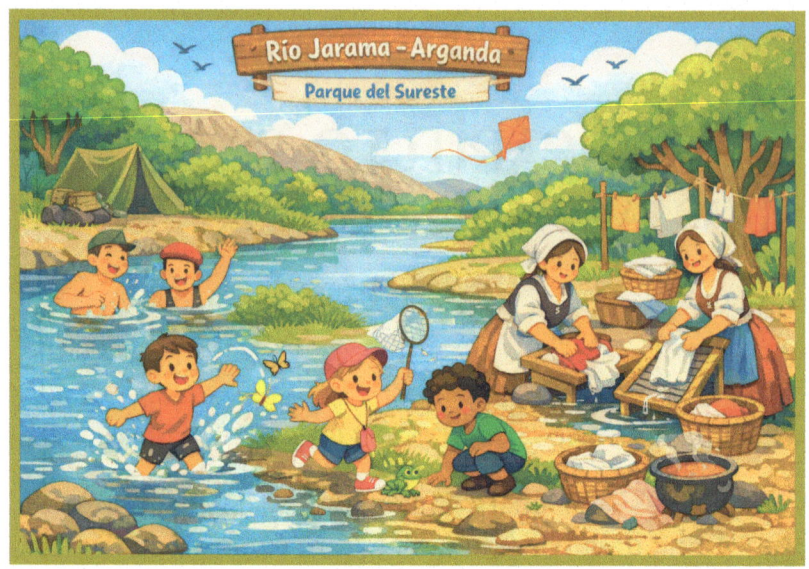

Este río nace en la sierra de Guadalajara y llega hasta el Tajo. En Arganda, forma parte del Parque Regional del Sureste, un espacio protegido lleno de aves, chopos, sauces y vida silvestre.

Puedes recorrerlo por caminos como la Senda del Jarama, donde a veces se ven garzas reales, cigüeñas negras o pequeños zorros entre los matorrales. Hay tramos con pasarelas de madera, bancos para descansar y paneles que explican los secretos del ecosistema.

En algunos caminos puedes encontrar fósiles marinos, porque hace millones de años esta zona estaba cubierta por el mar.

La Dehesa del Carrascal: el bosque del pueblo

También conocida como la Dehesa de la Villa, este paraje es un auténtico pulmón verde. Aquí crecen encinas, pinos y almendros, y es fácil ver ardillas correteando o escuchar el canto de los ruiseñores.

En el Parque del Sureste hay más de 100 especies de aves protegidas.

Hace muchos años, los vecinos venían a recoger leña, pastorear ovejas o simplemente merendar a la sombra de los árboles. Hoy, sigue siendo un lugar perfecto para pasar el día en familia, hacer una excursión o aprender a respetar la naturaleza.

En primavera, la dehesa se llena de flores silvestres. En otoño, las hojas crujen bajo los pies como si contaran secretos del bosque.

La carrasca, árbol típico de la dehesa, puede vivir más de 500 años.

Valdecorzas: donde el campo se encuentra con la historia

Valdecorzas es una zona rural al sureste de Arganda, con caminos antiguos, olivos retorcidos y huellas de quienes vivieron allí hace siglos. Muchos la llaman «la

Arganda más auténtica», porque sus paisajes no han cambiado mucho con el tiempo.

Por sus senderos puedes ver restos de caseríos, pequeñas fuentes escondidas y muros de piedra. Es un lugar ideal para caminar despacio, mirar el horizonte y sentir que viajas al pasado.

Las ermitas: santuarios entre campos

Arganda conserva ermitas rurales llenas de historia y tradición:

- La ermita de San Roque, en lo alto de una colina, era el lugar donde se pedía protección contra las enfermedades.

- La ermita de la Virgen del Buen Suceso, más apartada, está rodeada de campo abierto y es parte del alma religiosa del pueblo.

- Otras ermitas, hoy desaparecidas o en ruinas, formaban parte de antiguos caminos de peregrinación.

> El río Jarama fue frontera natural en batallas históricas, como en la Guerra Civil.

En sus alrededores suele haber árboles viejos, leyendas escondidas y vistas preciosas del valle. Cada una es una joya silenciosa que merece ser descubierta.

ACTIVIDAD FINAL:
MI RUTA MÁGICA POR ARGANDA

- Diseña un mapa inventado de tu propia ruta de explorador en Arganda. Incluye: un río, un árbol especial, una cueva, una ermita y un animal escondido.

- Ponle nombre a tu ruta. Ejemplo: «La senda del zorro rojo» o «El camino de los tres sauces».

- Escribe una pequeña guía para tu familia o amigos explicando qué verán, qué aprenderán y qué deben llevar en la mochila.

Fuentes consultadas

ASOCIACIÓN CULTURAL DE AMIGOS DE ARGANDA. (2018). *Rutas y caminos históricos de la villa*. Asociación Cultural de Amigos de Arganda.

AYUNTAMIENTO DE ARGANDA DEL REY. (2021). *Catálogo de espacios naturales y rutas municipales*. Ayuntamiento de Arganda del Rey.

COMUNIDAD DE MADRID. (2019). *Parque Regional del Sureste: guía de rutas y biodiversidad*. Editorial Regional.

CORDERO DEL CAMPILLO, J. (1997). *Historia de Arganda del Rey*. Ayuntamiento de Arganda del Rey.

PROYECTO ARGANDA NATURAL, CEIP MIGUEL HERNÁNDEZ, & DEPARTAMENTO DE EDUCACIÓN AMBIENTAL. (2022). *Proyecto Arganda Natural* [Material didáctico].

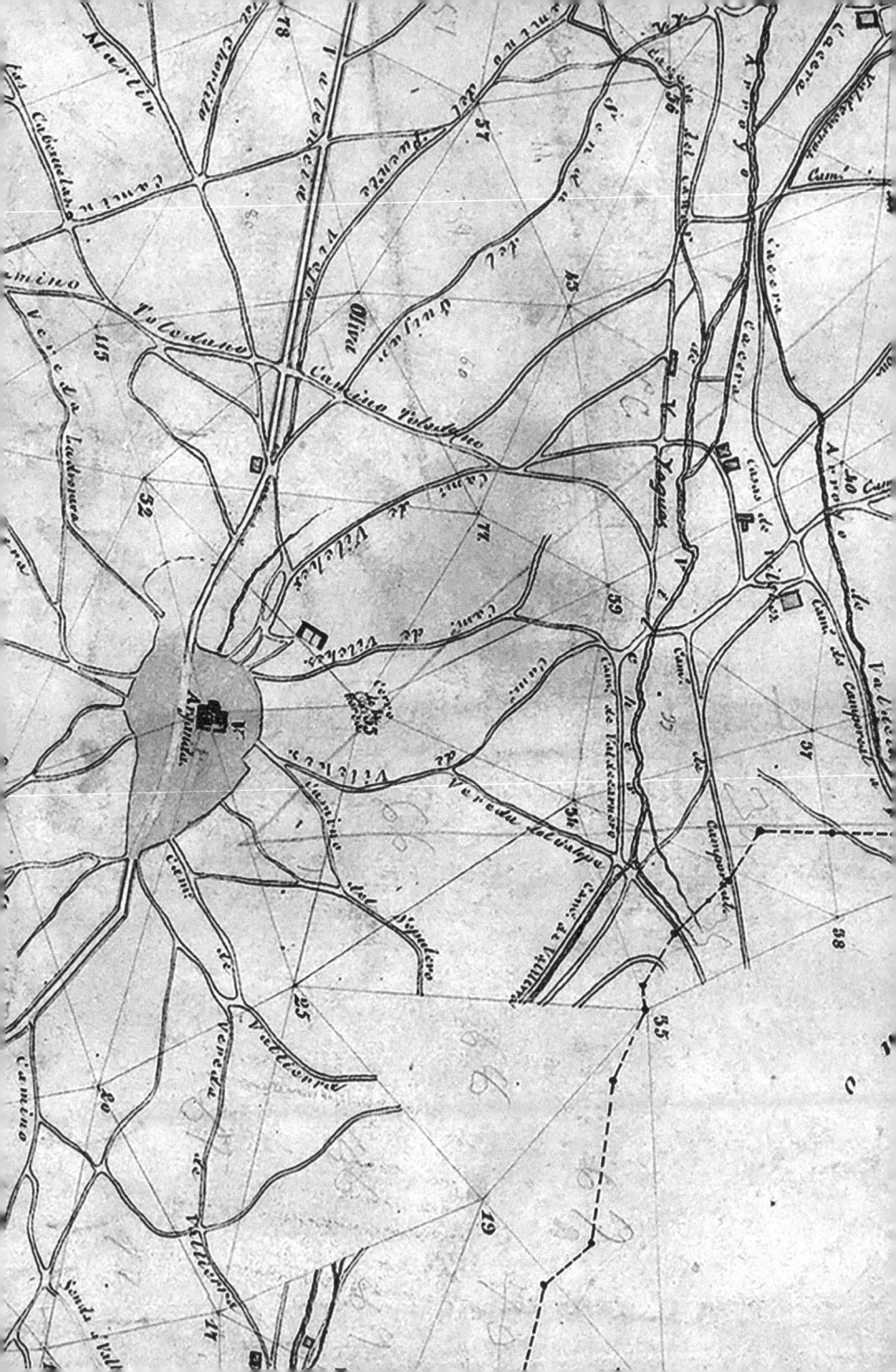

CAPÍTULO 9:
MUJERES Y HOMBRES
QUE HICIERON HISTORIA

Personajes reales de Arganda

Arganda del Rey no solo tiene plazas, trenes y leyendas. También ha sido tierra de personas que dejaron una huella especial. Algunas vivieron aquí hace siglos, otras siguen caminando por sus calles hoy. Fueron embajadores, maestras, cineastas, escritores o trabajadores que ayudaron a transformar el pueblo.

Este capítulo te presenta a algunas de esas personas reales que, sin magia ni capa, hicieron algo grande: formar parte de la historia de Arganda.

Cervantes y sus raíces argandeñas

Aunque Miguel de Cervantes nació en Alcalá de Henares (según todos los expertos), su familia materna era de Arganda. Leonor de Cortinas, su madre, y sus abuelos vivieron aquí y están enterrados en la localidad.

Por eso, Arganda también forma parte del corazón de Cervantes. Cuando escribió sobre caminos polvorientos, molinos y caballeros andantes... tal vez pensaba en paisajes que conoció de niño.

Hans Khevenhüller: El embajador que fundó una casa legendaria

En 1591, llegó a Arganda un hombre importante: Hans Khevenhüller, embajador del emperador del Sacro Imperio en la corte de Felipe II. Mandó construir la famosa Casa del Rey como finca de recreo. Jardines, fuentes, una gran bodega y hasta un palomar formaban parte de su hogar.

Hans invitó allí a reyes, príncipes y diplomáticos. Aunque nació en Austria, eligió Arganda como lugar de descanso y cultura. Su casa todavía está en pie y hoy es uno de los edificios más conocidos del municipio.

Las mujeres de la azucarera: Dulzura con trabajo duro

A finales del siglo XIX se construyó en Arganda una gran azucarera, una de las más importantes de España. Allí trabajaban muchos vecinos... ¡y muchas mujeres! Se encargaban de limpiar, pesar, empaquetar y controlar la producción.

El edificio, de ladrillo rojo y grandes ventanales, fue símbolo del crecimiento industrial de la ciudad. Aunque hoy no funciona como fábrica, la azucarera sigue en pie como memoria del esfuerzo colectivo.

Doña Carmen: La enfermera que cuidó a todo un pueblo

Durante la Guerra Civil y los años difíciles que vinieron después, Carmen Salgado fue enfermera en Arganda. Sin apenas recursos, ayudaba a partos, curaba heridas, repartía medicinas y sonrisas.

Muchos vecinos aún recuerdan cómo, con una bolsa en la mano y paso firme, recorría barrios y caminos para llegar a los enfermos. Fue una de esas mujeres invisibles... pero gigantes.

Luis Buñuel: Un director de cine en la plaza

En 1961, el gran director de cine Luis Buñuel eligió Arganda para grabar escenas de su película *Viridiana*, ganadora del Festival de Cannes. ¿Sabes dónde rodó? En la plaza de la Constitución, frente a la iglesia de San Juan Bautista y en la calle Real.

Durante unos días, Arganda fue un plató de cine. Los vecinos miraban con asombro cómo las cámaras giraban y los actores ensayaban bajo el sol. Hoy aún puedes ver esos lugares en la película.

Luis Rafael Hernández Quiñones: El guardián de las leyendas

Este escritor hispanocubano llegó a Arganda en 2007. Enamorándose de su historia, publicó en su editorial el libro *Leyendas de Arganda del Rey,* donde recoge cuentos de fantasmas, amores imposibles y héroes misteriosos que recorren sus calles.

Luis Rafael también dirige Editorial Verbum, una de las más importantes de España, con sede en Arganda desde 2017. Gracias a él, las historias del pueblo vuelan más allá de sus fronteras.

ACTIVIDAD FINAL:
EL HÉROE DE MI CALLE

- Pregunta en casa o en el barrio si hay alguien que hizo algo valioso en Arganda.

- Escribe una mini biografía con su nombre, edad, lo que hizo y por qué lo recuerdan.

- Dibuja una medalla y entrégasela como homenaje. ¡Tal vez tu vecino también es historia viva!

Fuentes consultadas

Alcalá, A. (2024). *Leyendas de Arganda del Rey*. Editorial Verbum.

Ayuntamiento de Arganda del Rey. (2022). *Patrimonio industrial: la azucarera*. Área de Cultura.

Asociación Memoria Oral de Arganda. (2015). *Testimonios de posguerra*. Asociación Memoria Oral de Arganda.

Cordero del Campillo, J. (1997). *Historia de Arganda del Rey*. Ayuntamiento de Arganda del Rey.

Fundación Buñuel. (s. f.). Archivo fílmico de *Viridiana*.

Rubio, Ó. (2021, 8 de noviembre). «La Casa del Rey, el emblema de Arganda». *Diario de Arganda*.

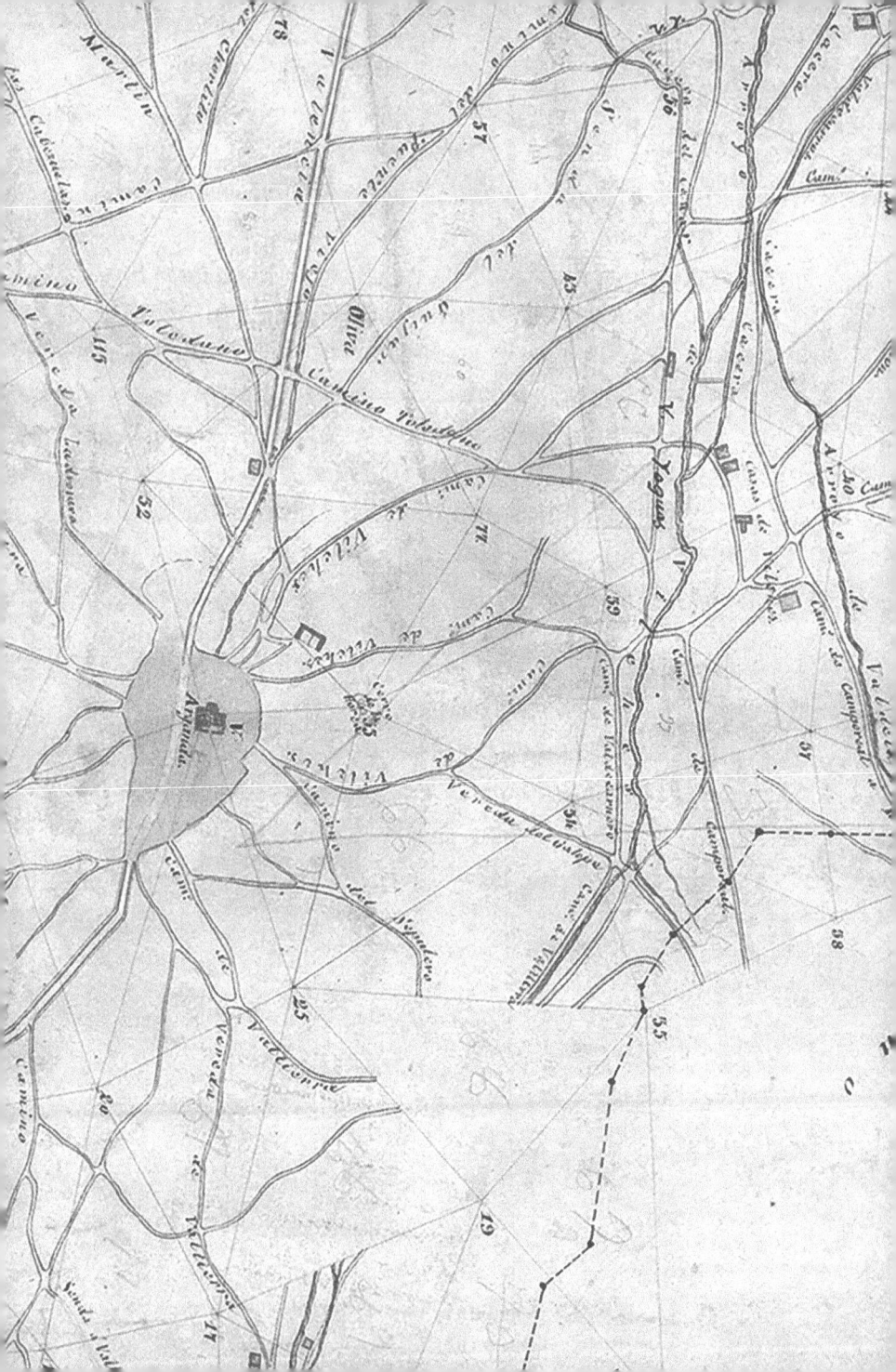

CAPÍTULO 10:
ARGANDA DEL FUTURO

Cómo sueñan su pueblo los niños y niñas

Arganda del Rey ya no es solo un pueblo con historia. Hoy es una ciudad con tren, polígono industrial, colegios, parques y miles de habitantes. Pero... ¿cómo será dentro de 20, 30 o 50 años?

Los niños y niñas que hoy juegan en sus plazas serán los adultos que la harán crecer mañana. Por eso, este capítulo está dedicado a ellos: a su imaginación, a sus deseos, a sus sueños.

«Yo quiero más árboles»

Lucía tiene 7 años y le encanta pasear por el parque González Bueno con su abuelo. Ella sueña con una Arganda más verde, con árboles frutales en las calles y fuentes de agua limpia. «Y columpios que no se rompan», dice con una sonrisa.

«Que haya una biblioteca con libros que hablen»

Álvaro, de 9, quiere una biblioteca mágica. Con estanterías que se mueven, libros que leen en voz alta y rincones donde sentarse a imaginar. Dice que en el futuro todos deberían tener un carnet de lector desde los 3 años. «Así nadie se aburriría nunca».

«Escuelas con huerto y robots»

Carmen, de 8, sueña con colegios donde aprendan haciendo: plantando lechugas, hablando en inglés con robots, montando obras de teatro. «Y que los profes no griten nunca, sino que escuchen más», dice con seguridad.

«Un tren eléctrico que nos lleve hasta el mar»

Diego, de 6, quiere que el tren de Arganda vuelva a pitar, pero esta vez sin humo. «Uno que funcione con sol o con viento, y que pueda ir hasta la playa o a la nieve». Su abuelo trabajó en la antigua estación y le cuenta historias del tren con nostalgia.

Lo que ya es, y lo que podría ser

Arganda del Rey tiene hoy más de 57 000 habitantes (2023), un gran desarrollo urbano, centros educativos, culturales y deportivos. Su polígono industrial es uno de los más grandes de la Comunidad de Madrid, y el metro y el tren conectan la ciudad con otras zonas.

Pero aún hay mucho por hacer: más zonas verdes, más transporte ecológico, más espacios para niños, mayores y animales, más cultura y arte, más convivencia y cuidado.

Al soñar el futuro, los niños piensan en un pueblo donde todos vivan mejor. Y quizás, gracias a sus ideas, Arganda del mañana será todavía más bonita que la de hoy.

ACTIVIDAD FINAL:
MI ARGANDA SOÑADA

Toma una hoja o cartulina y dibuja cómo sería la ciudad que te gustaría vivir:

- ¿Cómo serían las calles?

- ¿Qué transportes habría?

- ¿Qué cosas nuevas habría en los colegios?

- ¿Qué harías para cuidar a las personas y a la naturaleza?

Puedes añadir árboles, bicicletas, teatros, pistas para patines, bibliotecas de cuentos, casas sin contaminación, y todo lo que imagines. ¡El futuro empieza contigo!

Fuentes consultadas

AYUNTAMIENTO DE ARGANDA DEL REY. (2023). *Información demográfica y urbanística.* Ayuntamiento de Arganda del Rey.

COMUNIDAD DE MADRID. (s. f.). *Planes de sostenibilidad local.* Comunidad de Madrid.

UNICEF ESPAÑA. (s. f.). *Proyecto «Ciudad Amiga de la Infancia».* UNICEF España.

TESTIMONIOS REALES DE FAMILIAS RECOGIDOS EN TALLERES ESCOLARES. (2019–2023). *Material no publicado.*